Até que enfim eu vou entender Astrologia!

E COMANDAR O MEU DESTINO

JACOBB GONIK

Até que enfim eu vou entender Astrologia!

E comandar o meu destino

MAUAD

Direitos desta edição reservados à
MAUAD Editora Ltda.
Av. Treze de Maio, 13, Grupos 507 a 509 — Centro
CEP: 20031-007 — Rio de Janeiro — RJ
Tel.: (21) 2533-7422 — Fax: (21) 2220-4451
www.mauad.com.br

Projeto Gráfico:
Núcleo de Arte/Mauad Editora

CATALOGAÇÃO NA FONTE
DEPARTAMENTO NACIONAL DO LIVRO

G64a
Gonik, Jacobb.
Até que enfim eu vou entender Astrologia! : e comandar o meu destino / Jacobb Gonik. - Rio de Janeiro : Mauad, 2004
il. ;

Apêndice
Inclui bibliografia
ISBN 85-7478-139-8

1. Astrologia. 2. Mapa astrológico natal.
I. Título.

CDD 133.5
CDU 133.52

ÍNDICE

I - VALE A PENA ENTENDER A ASTROLOGIA

Comecei a estudar astrologia para provar que era bobagem.

Usando métodos estatísticos de minha intimidade como engenheiro, analisei a vida de diversos amigos e familiares sob o ponto de vista da astrologia. Estariam acidentes, cirurgias, mudanças de residência, casamentos, doenças, promoções e outros acontecimentos importantes registrados nos mapas astrológicos? Para minha surpresa, a resposta foi *SIM* com um índice de acerto de cerca de oitenta por cento. Impressionante e impossível de ser coincidência. Tal constatação incentivou-me a aprofundar os estudos por muitos anos.

Fiquei feliz em verificar que a astrologia nem sempre acerta. Isto significa que o livre-arbítrio, isto é, a nossa vontade, tem um papel importante e consegue modificar o destino. Os astrólogos sabem disso e costumam dizer que *a astrologia inclina mas não determina*. Embora os mapas astrológicos mostrem o futuro, este representa apenas o futuro mais provável, aquele que tem tudo para acontecer, a menos que você se esforce para transformá-lo.

O livre-arbítrio é tão poderoso que, mesmo que existam dificuldades, podemos passar por elas com um mínimo de sofrimento. Do mesmo modo, embora a astrologia indique estarmos numa ótima fase da vida, o livre-arbítrio pode fazer com que arranjemos um jeito de sofrer.

Após muito estudo, concluí que a astrologia é apenas um dos cinco fatores que condicionam a nossa existência. Os outros são a genética, o ambiente, o aprendizado e o livre-arbítrio. Muitas pessoas acreditam num sexto fator chamado carma — conseqüências de nossas ações em vidas passadas — que já estaria representado no mapa astrológico. Diversos livros afirmam também que muitos componentes ligados às características físicas estão inseridos no mapa astral. Uma coisa é certa: embora a astrologia mostre um conjunto de energias potenciais que vêm de berço, o destino também depende do meio em que você vive, das coisas que aprende e da sua força de vontade.

A astrologia usa o movimento dos planetas para determinar a personalidade e o destino potencial das pessoas. Por exemplo, ela diz que o movimento do planeta Mercúrio em volta do Sol tem uma forte relação com o intelecto das pessoas. Ora, nós sabemos que os planetas seguem a lei da gravidade, por isso fica difícil para muitas pessoas aceitarem que o movimento de Mercúrio marque também os períodos melhores ou piores da nossa inteligência.

Entretanto, essa barreira não existe. Embora a ciência esteja num estágio muito inicial, já aprendemos que coisas tão discrepantes como a televisão, o radar, a luz infra-vermelha e os raios X são apenas emissões diferentes da mesma energia eletromagnética. Pouco a pouco vamos descobrir que muitas outras coisas distintas nascem de uma única fonte.

Você sabe que a lua atua sobre as marés, mas nem por isso deve imaginar que o planeta Mercúrio influencia a inteligência da mesma maneira. Não existe essa influência direta. O que acontece é que tanto Mercúrio quanto a nossa inteligência estão sintonizados na mesma energia cósmica e vibram na mesma freqüência como se fossem elementos gêmeos na natureza.

Parece absurdo, mas a astrologia acerta bastante ao analisar personalidades e prever o futuro. Isto prova que ela não é fruto de coincidências e que realmente existe uma forte relação entre os planetas e as pessoas.

II - O CÉU ASTROLÓGICO

A Terra gira em torno do Sol, mas quando olhamos para o céu temos a impressão de que o Sol é que circunda a Terra dentro de um cinturão imaginário de cerca de 16 graus de largura. Nesse cinturão, chamado Zodíaco, movimentam-se também os demais planetas do sistema solar.

Bem mais distante, no espaço longínquo, situam-se as estrelas agrupadas em constelações. No dia 8 de fevereiro, para quem olha daqui da Terra, o Sol sempre passa em frente à constelação de Aquário; por isso, os primeiros astrólogos batizaram aquele segmento de espaço com o nome de "*signo de Aquário*".

Na verdade, essa história interessa-nos pouco. Do ponto de vista prático, basta saber que o Zodíaco, esse círculo onde o Sol dá uma volta inteira a cada ano, foi dividido pelos astrólogos em doze pedaços iguais batizados de signos de Áries, Touro, Gêmeos, Câncer, Leão, Virgem, Libra, Escorpião, Sagitário, Capricórnio, Aquário e Peixes, nessa ordem. Como um círculo tem 360 graus, quando o dividimos em 12 pedaços, cada signo fica com exatamente 30 graus.

Portanto, quem nasceu em 8 de fevereiro se diz aquariano porque, nessa data, o Sol sempre passa em frente à constelação de Aquário, isto é, cruza o signo de Aquário. O signo solar de quem nasceu em 8 de fevereiro é Aquário.

Você, provavelmente, também sabe o seu *signo solar* e costuma ler as resenhas astrológicas no jornal. Mas esses horóscopos diários erram muito porque medem apenas a influência da Lua sobre o seu signo solar, enquanto que a verdadeira astrologia é bem mais complexa.

Para começar, existem dez astros a considerar — o Sol, a Lua e oito planetas (Mercúrio, Vênus, Marte, Júpiter, Saturno, Urano, Netuno e Plutão). Os astrólogos convencionaram chamá-los a todos de PLANETAS; vamos respeitar essa convenção, embora você saiba que o Sol é uma estrela e a Lua um satélite da Terra. Daqui por diante, sempre que falarmos em Planetas, lembre-se de que incluímos o Sol e a Lua e desconsideramos a Terra.

Embora a astrologia use tabelas astronômicas para calcular o movimento dos astros, ela se ajusta ao modo personalizado com que as pessoas enxergam o mundo. Para a astrologia, *cada indivíduo é o centro de um universo próprio*; portanto, o mapa do SEU CÉU é diferente para cada dia, hora e lugar em que você está.

Ao nascer, havia uma certa configuração dos planetas no Zodíaco do SEU CÉU. Aquela configuração é o seu mapa natal e vai influenciar o seu futuro; equivale a entrar num trem no momento exato em que você começa a respirar após o parto. Dali por diante você pode caminhar pelos vagões, mas não sairá mais daquele trem.

No Desenho 1 você vê a posição dos planetas e signos no mapa natal de Jacqueline Kennedy, usado como modelo ao longo do livro, conforme o céu de 28 de julho de 1929, em Southampton, New York, quando ela nasceu às 14 horas e 30 minutos (horário de verão). Se ela tivesse nascido em outro lugar ou hora, o mapa teria sido diferente.

DESENHO 1 – MAPA (PARCIAL) DE JACQUELINE KENNEDY
(PLANETAS E SIGNOS)

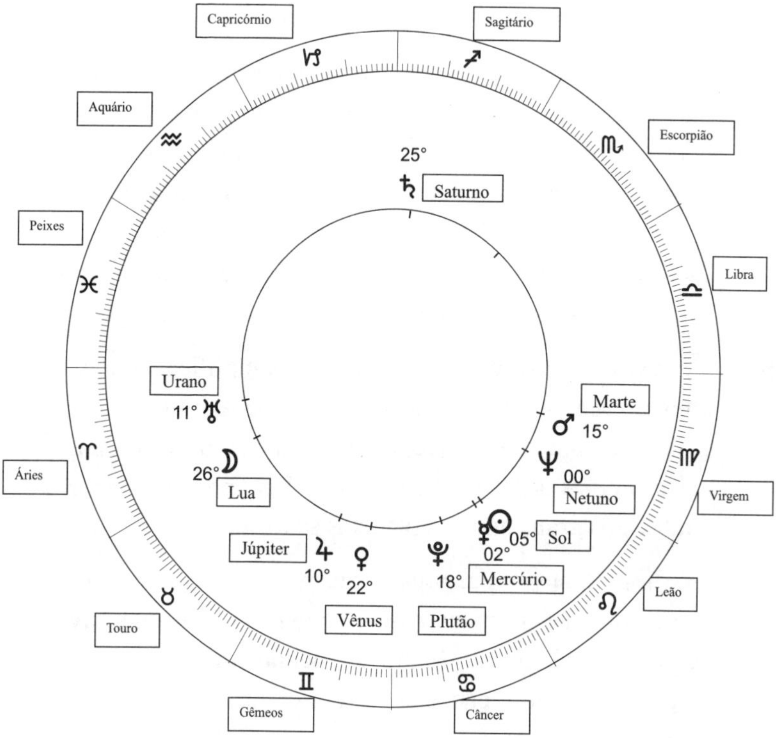

Os signos estão representados no círculo externo. Bem à esquerda, numa pequena linha horizontal, está o grau zero do primeiro signo: Áries, com o símbolo ♈. Avance na direção contrária aos ponteiros do relógio, isto é, descendo o círculo! Cada grau está representado por uma marquinha similar aos minutos de um relógio. Trinta graus abaixo começa o segundo signo: Touro ♉. Reparou? A cada trinta graus começa um novo signo. O círculo se fecha quando Peixes, o último, termina. Sinal que você deu uma volta completa e chegou de novo ao zero de Áries.

No interior do círculo estão os planetas com os símbolos usados pelos astrólogos. Saturno, por exemplo, está bem no topo do desenho a 25 graus dentro do signo de Sagitário, e usa o símbolo gráfico ♄. Lembre-se de que os doze signos são fixos no céu, enquanto que os planetas estão sempre em movimento. O desenho 1 equivale à fotografia do Zodíaco num certo instante.

Os símbolos (como ♄) ajudam a simplificar os desenhos e você não precisa decorá-los. Para facilitar, o programa de computador que acompanha este livro usa apenas os ***nomes*** dos signos e planetas. Por enquanto, ignore também os graus onde os planetas se localizam.

Importante é você reparar que no momento exato em que Jacqueline Kennedy nasceu, o planeta Saturno estava no signo de Sagitário, Marte se encontrava passando em Virgem, o Sol em Leão, e assim por diante.

Jacqueline foi uma personalidade fascinante, de prestígio mundial. Bem nascida, talentosa, teve uma vida de princesa quando jovem. Educada nas melhores escolas, escrevia poemas e contos, desenhava ilustrações e estudava balé e equitação. Em 1947 foi escolhida a debutante do ano na sociedade em que vivia. Viajava bastante e desenvolveu uma grande empatia para com os outros povos.

Depois de formada, trabalhando como fotógrafa para um jornal, conheceu o senador John Kennedy, com quem se casou em 1953. Quando ele foi eleito presidente dos Estados Unidos da América, Jacqueline trouxe beleza, inteligência e bom gosto para a Casa Branca, residência presidencial. Seu interesse pelas artes ficou famoso, tendo transformado a casa num ponto de encontro para pintores, cientistas e escritores.

Mas não teve um casamento fácil, já que seu marido, o homem mais poderoso da Terra, tinha desenfreado apetite sexual e vivia num mundo à parte. Ela o amava, e quando Kennedy foi assassinado a tiros durante um desfile no Texas, ela o abraçou como tentando protegê-lo.

A desgraça transformou a sua vida, mas não transformou sua forte postura e tranqüilidade. Em 1968, casou-se com o armador e milionário grego Onassis, 23 anos mais velho. Em 1994, quando ela faleceu, seu filho descreveu três dos seus atributos como sendo o amor pelas palavras, a conexão com a família e o espírito de aventura.

Jacqueline teve uma vida marcante, durante a qual amor, prestígio e tragédia se misturaram. Seu mapa astrológico deve, portanto, mostrar a sua personalidade artística, corajosa e o acidente terrível desencadeado no momento mais importante da sua vida, à revelia de sua vontade.

O Desenho 1 é incompleto e serve apenas para introduzir os signos e planetas. Mais adiante, nos Desenhos 2 e 3, vamos acrescentar outras informações importantes, até termos completo o mapa natal de Jacqueline.

Obviamente, você tem um mapa natal diferente do de Jacqueline, a menos que também tenha nascido em Southampton no mesmo ano, dia e hora.

O céu tem bilhões de corpos celestes. Muitos astrólogos incluem alguns asteróides em suas análises, mas podemos ignorá-los e seguir adiante; os dez PLANETAS são tão dominantes que nos dirão tudo o que é preciso sobre as características e o destino daquele seu trem pessoal.

Plutão é provavelmente apenas um asteróide que foi erroneamente classificado de planeta quando descoberto em 1930, mas isto não tem importância do ponto de vista astrológico; asteróide ou planeta, Plutão é muito importante para ser descartado.

Como o Zodíaco é um círculo, e portanto tem 360 graus, no momento em que você nasce cada um dos dez planetas está passando por um desses 360 lugares. Os planetas fazem entre si como que um desenho original. Experimente desenhar um círculo e marcar dez pontos em qualquer lugar, depois ligá-los com linhas. Conforme você escolheu o lugar dos pontos, sairá um desenho diferente.

Isto significa que os planetas podem fazer entre si bilhões de combinações, o que por si só explicaria a diferença entre as pessoas, já que cada uma nasce sob uma combinação entre os planetas. Mas a astrologia leva ainda outras fatores em consideração, como mostraremos ao longo do livro.

Tanta complicação é resolvida de um modo muito simples. Antigamente os astrólogos usavam tabelas astronômicas; hoje deixam o cálculo para os computadores. Na prática, você fornece a data, hora, minutos e lugar de nascimento, e o computador imprime o desenho do mapa natal. A análise pode então começar.

Para entender astrologia, basta acompanhar o estudo que vamos fazer do mapa natal de Jacqueline Kennedy.

Você também deve aplicar as lições para o seu caso pessoal. Para tanto, obtenha o seu mapa com um astrólogo, na Internet, ou use o programa de computador que vem junto com este livro. Ele é muito simples e basta seguir as instruções.

Familiarize-se com os nomes dos planetas e dos signos. Acompanhe as explicações olhando para os desenhos e tabelas. Analise o seu próprio mapa e descubra um mundo novo e fascinante, sem precisar decorar nada.

Mas antes de começar o estudo, você deve estar se perguntando o que acontece com duas pessoas que nascem no mesmo lugar, data, hora e minuto. Têm o mesmo mapa natal? Sem dúvida. Mas não se esqueça das outras influências na vida das pessoas — genética, ambiente, aprendizado e livre-arbítrio.

Os destinos de duas pessoas que nascem exatamente no mesmo lugar e instante terão a mesma essência, mas grandes diferenças práticas. Uma tem olhos azuis, a outra, verdes; uma nasceu rica, a outra, na favela; uma teve a oportunidade de estudar até formar-se, a outra parou na escola primária; uma tem grande força de vontade, outra tem medo de arriscar. Todos esses fatores são tão determinantes quanto a astrologia. Entretanto, como você verá a seguir, um grande médico e um limpador de ruas com o mesmo mapa astrológico terão a personalidade e problemas emocionais idênticos.

III - OS PLANETAS ASTROLÓGICOS

Segundo a astrologia, ao nascer você é dotado de **dez** energias fundamentais. Em primeiro lugar, você é uma força latente cheia de vontade e potencial de acontecer e brilhar — os astrólogos dizem que você tem dentro de si um Sol. Ao mesmo tempo, traz heranças psicológicas dos seus pais e a capacidade de se emocionar e se adaptar a novas circunstâncias — os astrólogos dizem que essa é a sua Lua.

Em seguida, você possui três energias que permitem a sua interação com o ambiente e as outras pessoas. Você pensa e se comunica (Mercúrio), aprecia a beleza e deleita-se com sensações prazerosas (Vênus) e movimenta-se (Marte). Como pode ver, estamos seguindo a seqüência dos planetas afastando-se do Sol.

A etapa seguinte trata do relacionamento no trabalho, com amigos ou desafetos. Muita coisa boa parece cair do céu, instantes maravilhosos que você costuma chamar de sorte (Júpiter). Acontecem também momentos difíceis, que requerem cautela, e que alguns chamam de azar e outros de lições cármicas da vida (Saturno). Assim, já são sete energias.

Por fim, existem as três energias transcendentais da natureza humana. Você processa (Urano) mentalmente novos conhecimentos e cria idéias e objetos; participa (Netuno) de sentimentos elevados ao emocionar-se com um filme, escrever um poema, ou sentir empatia por pessoas que nem conhece direito. E você se transforma (Plutão) de tempos em tempos, como se recomeçasse um novo ciclo de vida.

Para entender a astrologia, portanto, você precisa antes de mais nada conscientizar-se de que os planetas do seu mapa natal sempre representam essas energias — sua autoexpressão ***solar***, bem como a capacidade ***lunar*** de adaptar-se a mudanças; seu processo de intelecto e comunicação ***mercurial*** e suas afetividade ***venusiana*** e coragem ***marciana***. Mostram também sua habilidade de relacionar-se com as outras pessoas de modo a gerar momentos de expansão ***jupiteriana*** ou de prudência ***saturnina***, sua capacidade ***uraniana*** de inovar e ***netuniana*** de amar e ter empatia pelo próximo e, finalmente, a percepção ***plutoniana*** do instante certo de romper com o passado e partir para novas experiências. O modo com que todas essas energias interagem molda a sua personalidade básica.

Ao invés de usar longos textos para explicar os planetas como nos livros tradicionais de astrologia, preferimos traduzir as energias pelas palavras-chave descritas na *Tabela 1 – Planetas Astrológicos. (As Tabelas 1 a 4 servem para consulta e foram colocadas no fim do livro para você destacá-las e tê-las sempre à mão)*.

Existem três grupos de palavras-chave na Tabela 1. A coluna do centro, denominada *uso normal da energia*, mostra o modo mais provável de as pessoas darem vazão aos seus anseios; assim, no mapa natal, o Sol representa a vitalidade e a saúde, a ambição de expressar os talentos e o desejo de comandar.

As outras duas colunas mostram o que acontece quando as pessoas usam essas energias de um modo elevado ou negativo. Assim, aquele que faz um *uso elevado da energia* solar mostra-se um amigo leal e líder benevolente que irradia imensa luz por onde passa. Já quando abusa do *uso negativo da energia* solar, exibe egotismo, arrogância e até uma certa crueldade opressora.

Já dissemos que você tem livre-arbítrio. Ao usar com sabedoria uma energia planetária, você ajusta-se ao universo, atrai emanações positivas e constrói uma vida feliz. Pelo contrário, ao abusar dessas energias você paga o preço do desencontro com as leis do cosmos. Abusar significa exagerar no poder que lhe é concedido. Assim, enquanto um Marte positivo traz *dinamismo e iniciativa*, um Marte descontrolado traduz-se em *agressividade e impaciência*. Qual dos dois ajuda mais no trabalho? Obviamente, mesmo sendo um soldado em meio a uma batalha, você tem mais chances de vencer e sobreviver através de um Marte bem equilibrado.

Destaque a Tabela 1 e analise-a com cuidado, procurando captar o espírito de cada planeta. A Lua, com sua imaginação e sentimentalismo, é muito diferente de Saturno que responde pela responsabilidade e disciplina.

Perceba que a crueldade que vem de um Sol mal usado é diferente da crueldade marciana; o Sol negativo é arrogante, autoritário e intelectualmente cruel; já Marte pode ser vingativo, irritável e fisicamente cruel. Sinta como Júpiter abre enquanto Saturno fecha. Júpiter representa uma expansão geralmente recebida como um presente dos céus mas que, se mal usada, traduz-se por gula e desperdício. Saturno é a antítese de Júpiter, representando uma contração recebida por muitos como azar. Entretanto, quando a energia é usada positivamente, traz crescimento cauteloso, responsável e metódico.

Embora usemos uma terminologia moderna, desde que a Astrologia surgiu na Suméria, por volta do ano 4000 a.C., os planetas têm tido praticamente os mesmos significados. Não sabemos de onde vieram os conhecimentos. Não temos a menor idéia de como Júpiter foi relacionado com a sorte e Saturno com o azar; nenhum texto antigo explica porque o Sol é um símbolo masculino e a Lua feminino, e nem adianta ficar questionando esses conceitos. Como afirmamos antes, estatisticamente a Astrologia acerta, e, portanto, só nos resta aceitar os ensinamentos e aplicá-los com sabedoria.

Entretanto, na antigüidade os planetas Urano, Netuno e Plutão não eram conhecidos. Urano, que representa o mais alto grau de criatividade, só foi descoberto em 1781. Antes dessa data os astrólogos seguiam as inovações, que eram poucas e espaçadas num intervalo de muitos anos, pelo movimento do planeta Saturno. A descoberta de Urano coincidiu com o início da era tecnológica; logo os astrólogos perceberam que os fenômenos ligados à inventividade moderna eram melhor explicados por Urano do que por Saturno.

De um modo similar, a habilidade artística e a fraternidade entre as populações eram no passado acompanhadas pelo movimento de Júpiter. Hoje usamos Netuno. A sua descoberta em 1846 coincidiu com a popularização das artes pelo advento da fotografia, cinema, televisão e discos, e com a libertação formal dos escravos na América e uma nova consciência humanitária. Incrível, mas parece que Urano e Netuno foram descobertos quando a humanidade precisava justamente deles para evoluir nesses campos. Os astrólogos, atentos, captaram rapidamente a importância dessas novas ferramentas.

Eles também observaram que Plutão, descoberto em 1930, representava com maior precisão as sutis transformações psicológicas da humanidade a partir deste século. Anteriormente essas transformações eram seguidas pelo movimento de Marte, o planeta da força e conquista.

A partir da descoberta de Plutão, a psicanálise e outras ciências que se aprofundam no estudo da personalidade ganharam um grande impulso. Plutão, no entanto, não representa apenas um mergulho na mente humana, mas também no âmago da natureza. Sua descoberta abriu a porta para novos conhecimentos sobre os vulcões e terremotos e para a liberação da energia atômica.

Portanto, a astrologia atual é diferente daquela desenvolvida pelos sumerianos; tem evoluído sistematicamente ao longo desses seis mil anos. Mantém os mesmos conceitos básicos mas vem incorporando centenas de mudanças à luz das observações de sucessivas levas de astrólogos.

Se os planetas sempre têm os mesmos significados, conforme as palavras-chave da Tabela 1, então somos todos iguais? Claro que não. **Cada planeta age de modo diferente, conforme o signo em que ele está localizado no mapa natal**. Esse é o segredo primordial da astrologia.

Quando Jacqueline Kennedy nasceu, o planeta Mercúrio, por exemplo, estava no signo de Leão. Isso fez com que a sua inteligência tivesse uma característica muito diferente das pessoas que nasceram alguns dias mais tarde, já com Mercúrio no signo de Virgem. Portanto, ainda não estamos prontos para ler o mapa astrológico de Jacqueline. Precisamos, primeiro, entender o papel exercido pelos signos.

IV - OS SIGNOS ASTROLÓGICOS

Como dissemos, Zodíaco é o nome dado a um cinturão invisível em volta da Terra, onde vemos os planetas se movimentarem. Está dividido em 12 signos, cada um com 30 graus, de Áries até Peixes. Destaque a *Tabela 2 – Signos Astrológicos* (no final deste livro) e observe com cuidado as palavras-chave. Elas também estão divididas em duas colunas, conforme o uso dessa energia seja positivo ou negativo.

Os signos são apenas o modo de os planetas se expressarem. Áries, por exemplo, é um signo vibrante que colore com muita impulsividade o planeta que ali se localiza. Faz com que a energia planetária tenha a compulsão de acontecer depressa (a Lua, por exemplo, que traduz nossas emoções, quando está em Áries pode ser dada a produzir reações intempestivas).

Já quando um planeta localiza-se em Gêmeos, a premência não existe; a energia quer se exteriorizar, mas antes explorando diversas alternativas e tomando muito cuidado contra uma eventual surpresa (a Lua fica irrequieta, nervosa, bem indecisa).

Em Virgem, o planeta prefere gastar tempo analisando primeiro todos os detalhes da empreitada, já que precisão é mais importante do que urgência ou flexibilidade (a Lua em Virgem preocupa-se com os detalhes da dieta ou trabalho).

Assim, enquanto os planetas agem como substantivos e verbos, os signos agem qualificando-os como adjetivos e modificando-os como advérbios. Com os dez planetas e doze signos, podemos formar cento e vinte combinações diferentes. Os livros de astrologia costumam descrever cada uma dessas combinações em detalhe. Na verdade, isso não é necessário e faz você ficar dependente dessa leitura; basta examinar as Tabelas 1 e 2 (palavras-chave respectivamente dos planetas e signos) e pensar um pouco.

Se o Sol, por exemplo, está em Capricórnio, você sabe que a vontade (Sol) daquela pessoa é colorida pela cautela (Capricórnio) — portanto, a pessoa gosta de vencer, mas espera pela hora certa. Entretanto, se o Sol está em Áries, o desejo de vencer é imediatista.

Outro exemplo: Vênus traduz a afetividade das pessoas. Suas palavras-chave são harmonia, arte, relacionamento, amor, sensorial, prazer, bens, luxúria, vaidade, avareza e frivolidade, mas sabemos agora que essa energia se transforma à medida que Vênus vai atravessando os signos no seu movimento pelo Zodíaco.

Assim, as pessoas que têm Vênus no signo de Áries podem manifestar o seu amor de um modo ardente ou briguento, dependendo, é claro, do seu livre-arbítrio. Já aqueles que têm Vênus em Touro podem ser apenas afeiçoados ou querer tomar posse do ser amado. Vênus em Câncer pode gerar uma pessoa maternal, carinhosa, ou aprisionadora como as pinças de um caranguejo.

Observe ao lado a tabela: COMO VOCÊ MANIFESTA O AMOR CONFORME O SIGNO EM QUE A SUA VÊNUS SE SITUA.

COMO VOCÊ MANIFESTA O AMOR CONFORME O SIGNO EM QUE A SUA VÊNUS SE SITUA

SIGNO	SÍMBOLO	USO POSITIVO	USO NEGATIVO
Áries	♈	Claro, ardente	Impulsivo, briguento
Touro	♉	Afeiçoado, possessivo	Luxurioso, ciumento
Gêmeos	♊	Intelectual, comunicativo	Flertador, inconstante
Câncer	♋	Cuidadoso, maternal	Claustrofóbico, cobrador
Leão	♌	Terno, concessivo	Egotista, demandante
Virgem	♍	Romântico, comedido	Detalhista, crítico
Libra	♎	Alegre, sedutor	Inconseqüente, ressentido
Escorpião	♏	Apaixonado, intenso	Possessivo, enigmático
Sagitário	♐	Livre, idealista	Celibatário, ciumento
Capricórnio	♑	Fiel, convencional	Frio, desapontador
Aquário	♒	Liberal, não-convencional	Rebelde, excêntrico
Peixes	♓	Secreto, sentimental	Frustrado, sacrificado

Se você nasceu com a Lua em Escorpião, você tanto pode manifestar pelo seu amado ou amada um amor intenso, daqueles que concedem tudo apaixonadamente, quanto um amor possessivo, cheio de segredos e segundas intenções. Depende da sua educação, da relação entre os dois e, principalmente, da sua vontade.

Também depende de certas compulsões astrológicas que vamos explicar bem mais adiante neste livro.

Por enquanto, entenda que você tem, dentro de si, dez energias pessoais, tais como a afetividade, a ambição e a criatividade. Que essas dez energias correspondem aos dez planetas astrológicos. Que essas energias se manifestam durante toda a sua vida, conforme os signos em que aqueles dez planetas estavam no dia em que você nasceu. E que essa manifestação pode ser positiva ou negativa, à sua escolha.

V - PLANETAS E SIGNOS NO MAPA DE JACQUELINE KENNEDY

No *Quadro 1 - Planetas e Signos de Jacqueline Kennedy* indicamos em que signos se localizam os planetas no mapa natal de Jacqueline e transcrevemos algumas das palavras-chave para facilitar a interpretação. Por exemplo, o Sol estava exatamente ou muito próximo dos 5 graus no signo de Leão, mobilizando as palavras-chave *ambição / vitalidade* (devido ao Sol) e *brilhantismo / liderança* (devido a Leão).

Claro que ainda não teremos todo o perfil dessa mulher fascinante, porque ainda falta adquirir outros conhecimentos que serão introduzidos nos próximos capítulos, mas já dá para perceber muitas características importantes.

Você também encontrará um Quadro 1 em branco, preparado para receber as palavras-chave do seu próprio mapa natal. Preencha-o com cuidado. O programa de computador anexo lhe dará o signo em que cada um dos dez planetas estava no momento em que você nasceu. Copie. Depois, destaque a Tabela 1 no fim do livro, para tê-la ao lado, e copie as palavras-chave que você sente que se aplicam a você. Por enquanto, ignore a coluna que contém a posição em graus de cada planeta dentro do signo. Mais adiante explicaremos qual a sua finalidade.

QUADRO 1 – PLANETAS E SIGNOS DE JACQUELINE KENNEDY

PLANETA	SIGNO	POSIÇÃO	PALAVRAS-CHAVE	
			DO PLANETA	DO SIGNO
SOL	Leão	5°	Ambição, vitalidade	brilhantismo, liderança
LUA	Áries	26°	Imaginação, emotividade	atividade, assertividade
MERCÚRIO	Leão	2°	Comunicação, educação	brilhantismo, liderança
VÊNUS	Gêmeos	22°	Relacionamentos, bens	explorar, comunicar
MARTE	Virgem	15°	Ação, competitividade	analisar, diligência
JÚPITER	Gêmeos	10°	Expansão, confiança	explorar, comunicar
SATURNO	Sagitário	25°	Preservação, perseverança	filosofia, altruísmo
URANO	Áries	11 °	Mudança, engenhosidade	pioneirismo, firmeza
NETUNO	Virgem	0°	Religiosidade, obrigação	analisar, servir
PLUTÃO	Câncer	18°	Reciclagem, perda	tenacidade, proteção

QUADRO 1 – PLANETAS E SIGNOS DE ______________________

PLANETA	SIGNO	POSIÇÃO	PALAVRAS-CHAVE	
			DO PLANETA	DO SIGNO
SOL				
LUA				
MERCÚRIO				
VÊNUS				
MARTE				
JÚPITER				
SATURNO				
URANO				
NETUNO				
PLUTÃO				

Existe no mapa de Jacqueline uma grande preponderância dos signos de Leão e Gêmeos, que, por isso, estimularam a sua necessidade de comunicar-se e brilhar; não é à-toa que ela escolheu a profissão de repórter e fotógrafa. O Quadro 1 diz que ela era ativa, entusiasmada, ambiciosa, perseverante, analítica no planejamento do seu destino e sequiosa por relacionar-se com pessoas inteligentes que refletissem a sua própria luminosidade leonina.

Deixamos de lado os possíveis usos negativos das suas energias, embora saibamos que ninguém é perfeito; preferimos ignorar os ângulos exibicionista e autoritário de Leão, dispersivo de Gêmeos, vaidoso de Vênus e assim por diante. Na verdade, as pessoas não são sempre positivas ou negativas, mas oscilam conforme as circunstâncias. Quando há acentuada ênfase de uma postura negativa, esta salta aos olhos quando se avança na análise astrológica.

Lembre-se de que o astrólogo não é vidente ou adivinho. Como saber se uma pessoa, com o seu livre-arbítrio, usa seus planetas e signos de modo positivo ou negativo? Se o cliente não se expõe, ficando mudo, resta apenas ao astrólogo pressupor que as energias estão sendo usadas positivamente. Como o mapa representa o potencial energético de uma personalidade saudável, o astrólogo restringe-se a dizer, por exemplo: "Você tem uma Vênus Canceriana, cuidadosa e maternal. Cuidado para não cobrar demais da pessoa amada."

É melhor ignorar Urano, Netuno e Plutão por agora, embora eles constem do Quadro 1 em que relacionamos signos e planetas para Jacqueline Kennedy. Como são planetas muito lentos, tendem a ficar muito tempo nos signos e, portanto, trazem certas peculiaridades a gerações inteiras.

Por exemplo, quando Jacqueline nasceu, em 1929, Urano estava em Áries. Entretanto, Urano esteve em Áries de 1928 a 1935; sob a sua égide nasceram milhões de pessoas engenhosas e inovadoras que vieram acelerar o desenvolvimento tecnológico a partir da década de 50. Já Netuno vinha atravessando Virgem desde 1928 e lá ficou até 1943; milhões de pessoas nascidas sob aquela influência estão por aí preocupadas com o meio ambiente e a saúde, plenas de espiritualidade e até de fanatismo, nas últimas décadas do milênio. Plutão, que esteve em Câncer de 1914 a 1939, gerou gerações que atravessaram duas terríveis guerras mundiais e tornaram-se, inicialmente, obcecadas em proteger-se contra perdas inesperadas e, por fim, vieram a questionar e reciclar tenazmente os valores ecológicos e humanos.

Assim, milhões de pessoas nasceram, como Jacqueline, com Urano em Áries, Netuno em Virgem e Plutão em Câncer. Todas, sem exceção, vieram com as mesmas características de engenhosidade, preocupação e tenacidade. Dependendo do resto do mapa natal, e também da genética, ambiente, aprendizado e livre-arbítrio, essas características ficam enfatizadas ao longo da vida em maior ou menor grau.

Assim, sabemos que a vitalidade de Jacqueline, isto é, o seu Sol, tinha todas as características do signo de Leão. Dependendo do livre-arbítrio, ela poderia ter sido brilhante, líder, entusiasmada, ou, ao contrário, exibicionista, autoritária e ambiciosa.

Seu Marte estava em Virgem. O modo com que ela se energizava, portanto, poderia ter sido analítico e diligente, ou, ao contrário, detalhista e servil. Uma pessoa analítica pode perder o controle e exagerar, tornando-se detalhista.

Igualmente, uma pessoa diligente no trabalho pode transformar-se em alguém excessivamente servil. Você não precisa saber que Marte estava a cerca de 15 graus dentro do signo de Virgem quando ela nasceu. Basta saber que Marte estava em Virgem.

Assim, planeta a planeta, você pode começar a entender a personalidade de Jacqueline, embora ainda não saiba as opções que ela escolheu pelo seu livre-arbítrio.

Faça a mesma análise com os seus planetas e signos.

Como já explicamos antes, escreva no Quadro 1 o seu nome e o signo em que cada um dos planetas estava quando você nasceu (o programa do computador vai lhe dar essa informação). Depois copie das tabelas dos planetas e signos as palavras-chave que você acha que representam melhor a sua personalidade (positiva ou negativa). Por fim, leia o resultado. Este é o seu retrato astrológico inicial.

VI - OS REGENTES DOS SIGNOS

Se você estudar bem a _Tabela 2 – Signos Astrológicos_, no fim do livro, vai reparar em algo estranho: as palavras-chave dos signos são parecidas com as dos planetas. Por exemplo, Áries aumenta a atividade, enquanto Marte representa a atividade em si; tanto o signo de Gêmeos quanto Mercúrio relacionam-se com a mente; o signo de Câncer e a Lua são ambos descritos como ligados à emoção.

A explicação é simples e está na própria Tabela 2. Cada signo é _regido_ por um planeta. Regentes são, como o nome diz, aqueles que regem ou têm autoridade sobre uma área. Assim, Marte rege Áries, Mercúrio rege Gêmeos, e a Lua rege o signo de Câncer. Não é à-toa que as suas palavras-chave são praticamente iguais. O conceito de regência vem das origens da astrologia e é muito importante.

O quadro "Seqüência dos Regentes" foi criado pelo programa de computador para o caso de Jacqueline Kennedy. Vamos escolher um planeta qualquer no mapa de Jacqueline, por exemplo Plutão.

Para Jacqueline, Plutão estava em Câncer quando ela nasceu. Câncer é regido pela Lua (veja Tabela 2). Portanto, Plutão é regido pela Lua! O quadro "Seqüência dos Regentes" começa com Plutão (PL) à esquerda. As setas indicam que ele é regido pela Lua (LU).

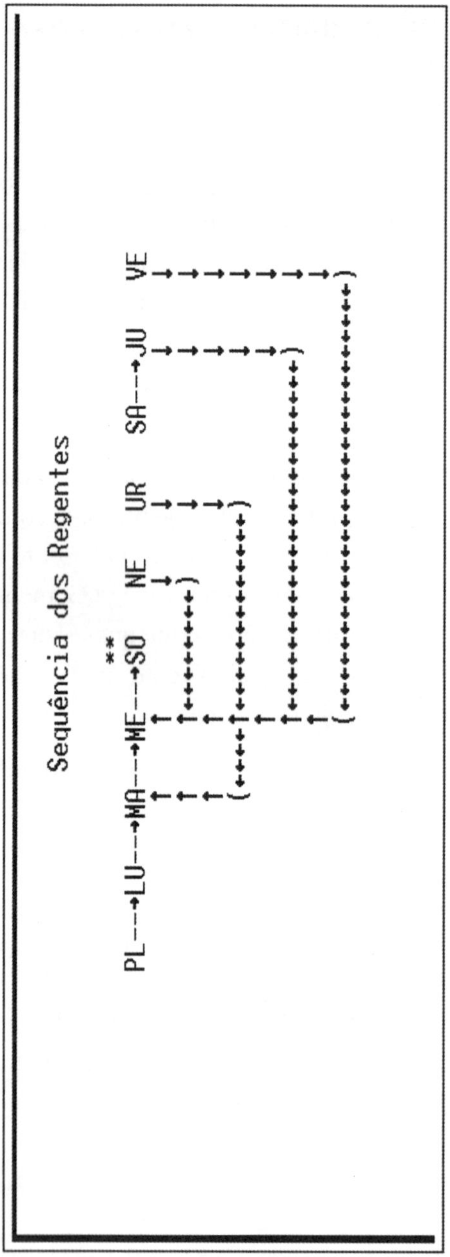
Sequência dos Regentes
**
PL
LU
MA
ME
SO
NE
UR
SA
JU
VE

A Lua, por sua vez, está em Áries que é regido por Marte. Observe o quadro de novo. As setas prosseguem da Lua (LU) para Marte (MA). Isso quer dizer que Marte é "dono" tanto de Plutão (PL) quanto da Lua (LU).

Continuemos a seqüência. Marte está em Virgem que, segundo a Tabela 2, é regido por Mercúrio. Já Mercúrio está em Leão, signo regido pelo Sol. Por sua vez, o Sol está em Leão, regido pelo próprio Sol. A corrente acabou. Os dois asteriscos sobre o Sol (SO) indicam que ele é o seu próprio regente!

Acompanhe as setas. No mapa de Jacqueline, em qualquer planeta que comecemos esse tipo de análise — quer seja Vênus, Júpiter, Urano ou Netuno — desembocamos no Sol. Isto significa que ele é o regente de todos os planetas, o senhor maior, o dono do mapa. Por esta razão, acima de tudo, imperava nela a vontade de brilhar, de projetar-se intelectualmente e cercar-se de pessoas inteligentes que a cultuassem.

Efetivamente, ela realizou o seu potencial. Tornou-se famosa quando primeira-dama dos Estados Unidos como patrona das artes, tendo redecorado a Casa Branca para fazê-la um museu nacional, e mantendo artistas, escritores e cientistas como freqüentadores habituais de suas reuniões.

O programa de computador que acompanha este livro dá a seqüência dos regentes para o seu caso, nem precisa ficar consultando a Tabela 2. Experimente. Ele não serve para preencher quadros com interpretação, apenas para mostrar a importância relativa entre os planetas. Desembocar no Sol, como no caso de Jacqueline, é uma exceção, mas o resultado é sempre fascinante. Mostra que um ou mais planetas dominam os demais.

VII - AS CASAS ASTROLÓGICAS

Você já sabe que os astrólogos dividem a abóbada celeste em doze segmentos iguais chamados signos. Mas eles também dividem a mesma região do espaço em outros doze pedaços chamados **casas** (que não coincidem com os signos) numeradas de 1 a doze.

Enquanto os signos colorem os planetas, as casas mostram as áreas da vida em que as energias dos planetas vão se manifestar com mais força. A casa 3, por exemplo, trata dos assuntos diários, irmãos, vizinhos, mensagens, viagens curtas e o aprendizado básico; já a casa 9, do lado oposto do Zodíaco, representa as viagens longas e ao exterior, o aprendizado sofisticado e a compreensão mais aprimorada do mundo. Mercúrio na casa 9, por exemplo, pode ser lido como *curiosidade (Mercúrio) por outros países (casa 9)* ou *grandes ideais (casa 9) intelectuais (Mercúrio)*.

As palavras-chave das casas estão na *Tabela 3 – Casas Astrológicas* no fim do livro. Destaque-a para tê-la sempre à mão.

A casa 1 tem o nome de Ascendente (ASC) e significa a máscara que usamos para lidar socialmente com o mundo. A casa 10 é o Meio-do-Céu (MC) e mostra os sucessos sociais. Essa duas casas, Ascendente e MC, são as mais importantes.

O Desenho 2 — Planetas, Signos e Casas — mostra de novo o mapa de Jacqueline, agora incluindo as *casas* representadas por doze retas dividindo o zodíaco. Repare que as casas não têm necessariamente o mesmo tamanho (o cálculo é sempre feito por computadores e podemos omitir aqui os detalhes técnicos). Veja como o desenho fica mais limpo e fácil de ser examinado quando trabalhamos apenas com os símbolos astrológicos.

O ponto onde qualquer casa começa é chamado ***cúspide***. No Desenho 2, isto é, para a Jacqueline, a cúspide da casa 1 (ASC) está localizada mais ou menos no meio do signo de Escorpião (♏). Sempre seguindo na direção contrária ao movimento dos ponteiros do relógio, vemos que a casa 1 vai até o meio de Sagitário (♐). Ali começa a casa 2, e assim por diante.

No Quadro 2, relacionamos todos os planetas de Jacqueline Kennedy em suas respectivas casas natais. Em seguida extraímos algumas palavras-chave da *Tabela 1 – Planetas Astrológicos* e da *Tabela 3 – Casas Astrológicas* para desenvolvermos o mesmo exercício feito para os signos. O segredo do bom astrólogo, entretanto, está em ter a habilidade de examinar o Quadro 2 como um todo, além de seus pedaços, de modo a ter uma visão de conjunto do temperamento e potencial da pessoa examinada. Procure você também, quiçá lendo em voz alta o texto do Quadro 2, *sentir* a vibração daquela personalidade complexa. E também complete o Quadro 2 em branco com os seus próprios dados.

Ainda aqui, como aconteceu com os planetas nos signos, não sabemos como a pessoa analisada, no caso a Jacqueline, usa os seus planetas - se de um modo positivo, normal ou negativo, a menos que ela o diga. Com Vênus na casa 8, Jacqueline poderia agir negativamente com muita frivolidade quando tratasse de grandes ganhos financeiros. Ao invés disso, no Quadro 2 colocamos o modo normal de atuação, isto é, prezando os relacionamentos com as pessoas.

DESENHO 2 – MAPA (PARCIAL) DE JACQUELINE KENNEDY

(PLANETAS, SIGNOS E CASAS)

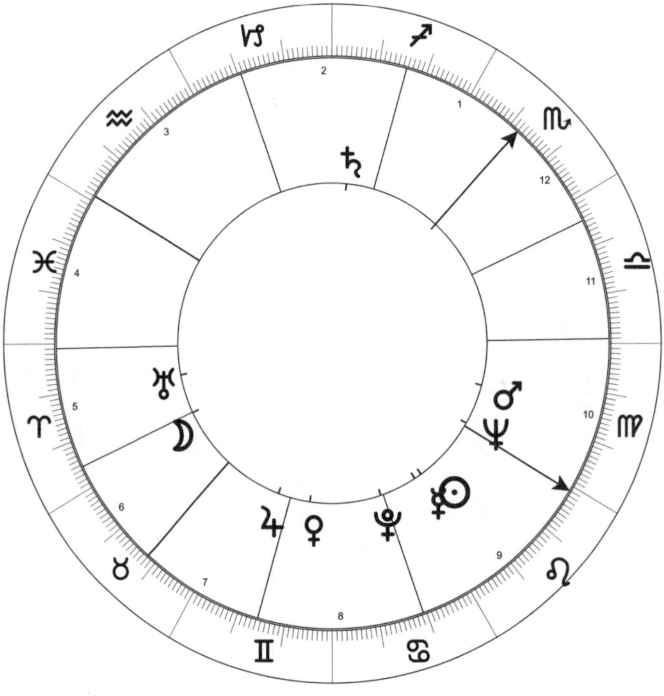

QUADRO 2 – PLANETAS E CASAS DE JACQUELINE KENNEDY

PLANETA	CASA	PALAVRAS-CHAVE		
		DO PLANETA		DA CASA
SOL	9	Ambição, vitalidade	Em	educação, crenças, viagens
LUA	6 *	Adaptação, emotividade	Em	trabalho regular, animais de estimação
MERCÚRIO	9	Comunicação, trocas	Em	exploração, lugares distantes
VÊNUS	8	Amor, bens, relacionamento	Em	grandes ganhos, crise
MARTE	10	Sexo, ação, competitividade	Em	carreira, *status* presença pública
JÚPITER	7	Expansão, confiança	Em	casamentos, uniões
SATURNO	2	Preservação, cautela	Em	sentimentos, posses
URANO	5	Mudança, independência	Em	divertir-se, criatividade, amantes
NETUNO	10	Ilusão, obrigação	Em	presença pública, reputação
PLUTÃO	8	Perda, êxtase, carisma	Em	Sexo, regeneração

QUADRO 2 – PLANETAS E CASAS DE ______________________

PLANETA	CASA	PALAVRAS-CHAVE		
		DO PLANETA		DA CASA
SOL			Em	
LUA			Em	
MERCÚRIO			Em	
VÊNUS			Em	
MARTE			Em	
JÚPITER			Em	
SATURNO			Em	
URANO			Em	
NETUNO			Em	
PLUTÃO			Em	

Com a análise das *casas* astrológicas penetramos no modo de Jacqueline operar no mundo. Urano, Netuno e Plutão, no caso dos signos, influenciavam gerações inteiras e tinham importância menor no mapa de um indivíduo. Aqui eles contam muito, já que as casas dependem da hora do nascimento e, portanto, são bastante personalizadas.

Repare que, no Quadro 2, a Lua está na casa 6. Mas, ao lado do numero 6, existe um asterisco. Isso quer dizer que, na verdade, a Lua está no finzinho da casa 5. A maioria dos astrólogos prefere considerá-la já operando na casa 6. O asterisco é somente para avisar a você que isso aconteceu e, portanto, você pode ignorá-lo.

Urano na casa 5 fez com que ela trouxesse charme e prestígio à Casa Branca, residência oficial do governo, fazendo-a ponto de encontro de artistas e intelectuais. Sol e Mercúrio na casa 9 reforçaram sua habilidade em obter sucesso nos estudos e no relacionamento com essas pessoas. Vênus e Plutão na 8 explicam, de um lado, sua habilidade em obter grandes ganhos financeiros e amor apaixonado, mas, de outro, a tragédia de ter de enfrentar crises e perdas terríveis no amor, seguidas da necessidade de se reciclar em outro ambiente. Marte na casa 10 trouxe-lhe proeminência pública; apesar disso, a Lua na casa 6 permitiu-lhe desfrutar os animais de estimação e o trabalho diário quieto e produtivo no seu canto. Júpiter na 7 deu-lhe a expansão que queria através de dois casamentos, primeiro com o futuro presidente, depois com o milionário Onassis. Saturno na casa 2 ensinou-lhe que bens podem desaparecer e levou-a a fazer o contrato pré-nupcial com o milionário grego Onassis, de modo a ser protegida na velhice.

Astrologia não é vidência. Ao contrário, é extremamente objetiva. Tudo o que fizemos foi combinar as palavras-chave das Tabelas 1 (*Planetas Astrológicos*) e 3 (*Casas Astrológicas*) e interpretar a mensagem. Assim, se Mercúrio significa comunicação e trocas, e a casa 9 educação elevada e viagens, não é difícil perceber a razão de Jacqueline cercar-se de intelectuais e ter interesse por outros países.

Você viu portanto, primeiro, que as dez energias que todas as pessoas possuem de nascença (representadas pelos dez planetas) mostram a personalidade de cada um conforme os signos em que os planetas estavam no momento e lugar do nascimento.

Agora, aprendeu que essas energias (planetas) mostram também o comportamento das pessoas em doze áreas da vida (representadas pelas casas astrológicas), tais como no trabalho, no amor, nos relacionamentos, etc.

Mas pode acontecer que muitas casas não tenham nenhum planeta dentro delas. Então, o que mostra o seu comportamento naquela área da vida?

Já dissemos que o ponto inicial de cada casa é chamado de **Cúspide**. O signo nas *cúspides* também indica como você age naquela área da vida. Assim, o *Quadro 3 – Cúspides das Casas de Jacqueline Kennedy* traz novas informações sobre a vida de Jacqueline. Aqui, em vez de transcrever as palavras-chave dos planetas e das casas, mostramos como é possível combinar essas duas informações para criar uma frase elucidativa da personalidade sob o título ***Conseqüências***. Faça a mesma coisa para o seu próprio caso: - Interprete as palavras-chaves numa única expressão!

QUADRO 3 – CÚSPIDES DAS CASAS DE JACQUELINE KENNEDY

NOME	CÚSPIDE NO SIGNO	PLANETA REGENTE	CONSEQÜÊNCIAS
ASC	Escorpião	PLUTÃO	Disposição e aparência afetados pelas crises.
2	Sagitário	JÚPITER	Talentos e ganhos diários sempre expandidos.
3	Capricórnio	SATURNO	Cuidado com viagens. Dificuldades com vizinhos.
4	Aquário	URANO	Transformará sua casa em algo original, criativo.
5	Áries	MARTE	Criatividade, propensão para amores extraconjugais.
6	Áries	MARTE	Capacidade crítica e analítica nos incidentes diários.
7	Touro	VÊNUS	Afetividade satisfeita pelo casamento.
8	Gêmeos	MERCÚRIO	Crises no processo de comunicação. Êxtase intelectual.
9	Câncer	LUA	Projeção pública, relações fora do país de origem.
MC	Leão	SOL	Sucesso no meio social e carreira escolhida. Brilho.
11	Libra	VÊNUS	Ganhos decorrentes da escolha social. Muitos amigos.
12	Libra	VÊNUS	Bondade com os outros, poucos inimigos ocultos.

QUADRO 3 – CÚSPIDES DAS CASAS DE ______________________

NOME	CÚSPIDE NO SIGNO	PLANETA REGENTE	CONSEQÜÊNCIAS
ASC			
2			
3			
4			
5			
6			
7			
8			
9			
MC			
11			
12			

VIII - PLANETAS EM RELAÇÃO A OUTROS PLANETAS

A posição dos planetas diferencia as pessoas. Conforme visto nos capítulos anteriores, quem nasce com Marte em Áries tem uma característica distinta daquele que nasce com Marte em Capricórnio. Além disso, a casa em que Marte estiver posicionado energizará um ângulo diferente da vida.

Mas existe outro parâmetro ainda mais forte para levar-se em conta. Trata-se da distância angular. Dois planetas que estejam separados por 90 graus, isto é, num ângulo reto, atritam-se e geram um grande estresse na pessoa. Se a distância angular for de 180 graus, isto é, os planetas estando em oposição, as suas energias puxam para lados opostos, produzindo dúvidas atrozes sobre um caminho a seguir.

Esses e outros *ASPECTOS*, descritos na *A Tabela 4 – Aspectos Astrológicos* no fim do livro, compõem uma força astrológica poderosa. Não estamos discutindo aqui se a astrologia está certa ou errada, nem o porquê do aspecto de 90 graus ser estressante; mais uma vez, a prática mostra que esses conceitos tradicionais funcionam.

A Tabela 4 contém os aspectos de zero graus (conjunção), 45° (semiquadrado), 60° (sextilha), 90° (quadratura), 120° (trígono), 135° (sesquiquadrado), 150° (quincunx) e 180° (oposição) graus. Os astrólogos usam ainda outros aspectos que não são críticos para este livro. Observe na tabela os símbolos correspondentes. Eles ajudam a simplificar os desenhos.

Imagine que, ao ler um mapa natal, você se depara com Vênus em Escorpião em quadratura (isto é, em 90 graus) para com Marte em Leão. Sabemos que Vênus em Escorpião gera afetividade apaixonada e possessiva, enquanto Marte em Leão dá energia fogosa e dominadora. A quadratura entre essas energias traz um potencial enorme para problemas afetivos, abrangendo desde sexo agressivo, com falta de consideração pelas necessidades emocionais do parceiro, até extravagância na compra de objetos e roupas, desejo de gratificação e ciúmes em relações de negócio.

Você deve estar se perguntando: tão negativo assim? A resposta é sim, sem dúvida, pois a quadratura é um aspecto estressante e doloroso. Mas geralmente o mapa tem também trígonos e sextilhas que trazem facilidades e oportunidades, servindo para contrabalançar.

Por outro lado, o livre-arbítrio impera. Se a pessoa está mentalizada positivamente, Marte em Leão significa poder condescendente, e, portanto, a Vênus apaixonada em Escorpião pode conceder ao invés de exigir. Não é fácil, mas não é impossível. A pessoa evitará o rompimento amoroso e o sofrimento decorrente.

Do mesmo modo que aponta para os problemas, a Astrologia aponta para as soluções. Colocamos na _Tabela 4_ , ao lado de uma coluna denominada _Efeito_ e que traduz a pressão produzida pelo aspecto, uma outra coluna com o título _Como Agir_, a fim de indicar a melhor forma de neutralizar ou aproveitar o aspecto. O segredo é sempre impor a sua vontade, ao invés de deixar acontecer o desenrolar mais provável.

Você pode argumentar que aspectos exatos são muito difíceis de acontecer. Acontece que, em astrologia, se aceita uma diferença na distância angular, denominada *orb.* Os aspectos de conjunção, quadratura, trígono, oposição e sextilha são considerados de atuação ampla e, por isso, sua orb é de cinco graus. Isto quer dizer que um aspecto de 85 a 95 graus é considerado tão quadratura quanto um de 90 graus exatos. Já os aspectos semiquadrado, sesquiquadrado e quincunx têm força e orb menores, não passando de dois a três graus. Quando a Lua e o Sol estão envolvidos, entretanto, a *orb* sempre dobra de tamanho.

O *Desenho 3* contém o mapa natal de Jacqueline Kennedy agora completo com planetas, signos, casas e aspectos, e o Quadro 4 resume os aspectos entre os planetas. Repare que, para os aspectos estressantes, selecionamos palavras-chave negativas já que existe uma compulsão para as dificuldades, como se fossem obstáculos de vida a ultrapassar — a Lua, por exemplo, quando em quadratura, tende mais a deprimir do que a facilitar a adaptação ao meio ambiente.

DESENHO 3 – MAPA NATAL DE JACQUELINE KENNEDY

COMPLETO (PLANETAS, SIGNOS, CASAS E ASPECTOS)

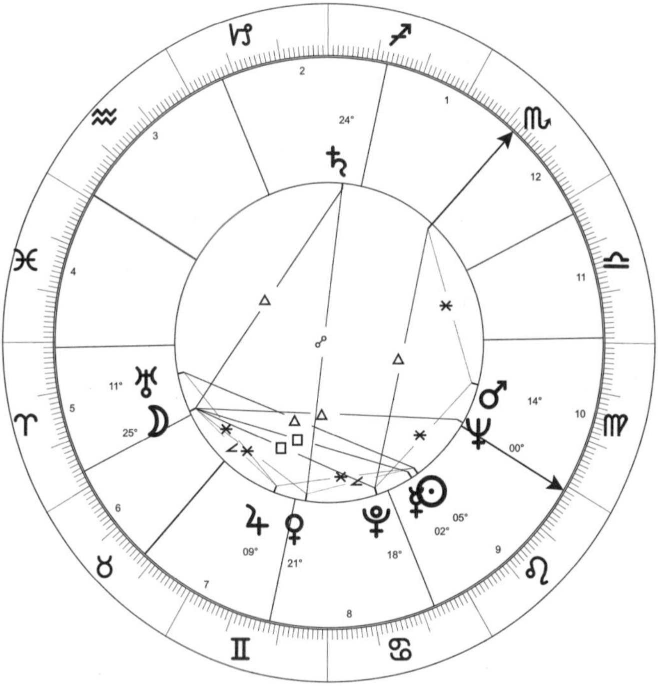

Jacqueline tem uma conjunção, três quadraturas, quatro trígonos, uma oposição, quatro sextilhas e dois sesquiquadrados. São nove aspectos positivos e seis difíceis.

No Desenho 3 você pode observar esses aspectos pelas linhas que o cortam no círculo central; eles estão identificados pelos símbolos a fim de não tumultuar a figura. É bom dar uma olhada para ver o mapa completo que os astrólogos gostam de analisar. Se for complicado demais, lembre-se de que o Quadro 4 já traduz os aspectos do desenho; fique nele.

Repare que os astrólogos consideram a cúspide da primeira casa (Ascendente) como um ponto de grande força. Afinal, ele é a nossa face para o mundo, a máscara com que nos exibimos para os outros. Por isso, no cálculo dos aspectos, ele é tratado como um planeta. No mapa de Jacqueline, o Ascendente está em sextilha com Marte e trígono com Plutão.

Sabemos que ela foi uma vencedora que teve de enfrentar uma grande tragédia. Como não gozamos do seu convívio, até agora limitamo-nos a analisar os planetas nos signos e nas casas, como se ela sempre tivesse manifestado as suas dez energias astrológicas de um modo positivo.

Agora, entretanto, alguns dos aspectos mostrarão as pressões que teve de enfrentar e que estimularam reações negativas que somente uma vontade poderosa e rigidez de caráter poderiam neutralizar.

QUADRO 4 – ASPECTOS DE JACQUELINE KENNEDY

PLANETA 1	ASPECTO	PLANETA 2	PALAVRAS-CHAVE DO PLANETA 1	PALAVRAS-CHAVE DO ASPECTO	PALAVRAS-CHAVE DO PLANETA 2
SOL	Conjunção	MERCÚRIO	Poder, luz, ambição	SOMA	Comunicação, aprendizado
LUA	Quadratura	SOL	Depressão, emotividade	CONFLITO	Poder, luz, ambição
LUA	Quadratura	MERCÚRIO	Depressão, emotividade	CONFLITO	Crítica, inveja
LUA	Quadratura	PLUTÃO	Depressão, emotividade	CONFLITO	Reciclagem, profundidade
SOL	Trígono	URANO	Poder, luz, ambição	AJUDA	Originalidade, mudança
LUA	Trígono	SATURNO	Imaginação, sentimentos	AJUDA	Perseverança, cautela
LUA	Trígono	NETUNO	Imaginação, sentimentos	AJUDA	Ira, bondade
PLUTÃO	Trígono	ASC	Reciclagem, profundidade	AJUDA	Postura, disposição
VÊNUS	Oposição	SATURNO	Vaidade, frivolidade, bens	VERSUS	Inibição, dogmatismo
SOL	Sextilha	JÚPITER	Poder, luz, ambição	OPORTUNIDADE	Idealismo, expansão
LUA	Sextilha	VÊNUS	Imaginação, emotividade	OPORTUNIDADE	Harmonia, relacionamentos
MARTE	Sextilha	ASC	Iniciativa, coragem	OPORTUNIDADE	Postura, disposição
MARTE	Sextilha	PLUTÃO	Iniciativa, coragem	OPORTUNIDADE	Reciclagem, profundidade
JÚPITER	Sextilha	URANO	Idealismo, expansão	OPORTUNIDADE	Mudança, humanidade
SOL	Semiquadrado	VÊNUS	Poder, luz, ambição	OBSTÁCULO	Vaidade, frivolidade, bens
LUA	Semiquadrado	JÚPITER	Imaginação, sentimentos	OBSTÁCULO	Idealismo, expansão

QUADRO 4 – ASPECTOS DE ____________

(USE QUANTAS FOLHAS FOREM NECESSÁRIAS)

PLANETA 1	ASPECTO	PLANETA 2	PALAVRAS-CHAVE		
			DO PLANETA 1	DO ASPECTO	DO PLANETA 2

A conjunção Sol-Mercúrio mostra logo de saída alguém com força intelectual e bom senso; mas o fato de a Lua estar em quadratura com esses planetas e também com Plutão mostra uma pessoa com nervos sensíveis, sujeita ao descontrole emocional quando criticada, caluniada, ou impedida de realizar as suas vontades; felizmente, a Lua em trígono com Saturno deu-lhe o poder de administrar ou esconder esses impulsos instintivos.

Os trígonos e sextilhas indicam as portas que se abrem. Sol com Urano deu-lhe uma individualidade fascinante e o interesse por assuntos originais, enquanto que a Lua com Netuno gerou uma extraordinária empatia com os problemas dos outros, além de muita imaginação e refinada sensibilidade. O último trígono, Plutão e Ascendente, é encontrado em personalidades carismáticas capazes de influenciar e comandar pessoas. Júpiter em sextilha com o Sol e Urano trouxe-lhe a oportunidade de fazer exatamente isso, expandindo a sua área de influência, impondo a sua vontade e transformando o papel de primeira-dama em algo grandioso.

Marte em sextilha tanto com Plutão quanto com o Ascendente deu-lhe força, confiança e disposição para enfrentar as dificuldades que enfrentaria no caminho. Ela precisou. Os sesquiquadrados envolvendo Sol, Vênus, Lua e Júpiter indicam obstáculos no casamento com o marido poderoso (sabemos como ele se comportava sequioso por outras mulheres).

A oposição Vênus-Saturno trouxe-lhe a necessidade de fazer um compromisso entre a vaidade e o desejo de ser responsável; forçou-a a ser dogmática bastante para, em momentos turbulentos, escorar-se em pessoas que lhe dessem segurança emocional e financeira. Muitos disseram que ela realmente amou Onassis, com quem se casou após o assassinato do presidente John Kennedy. Pode até ser. Mas Vênus em oposição a Saturno demonstra que a relação precisou de muito esforço para se consumar, talvez devido ao impacto na sua imagem pública.

Você entende agora por que os astrólogos trabalham com as posições em graus dos planetas dentro dos signos? Eles precisam disso para calcular com exatidão a distância angular entre os planetas, isto é, se eles estão a 120 graus de distância, por exemplo, fazendo um trígono entre si. Você, leitor, não precisa se preocupar com os graus porque o programa de computador já calcula tudo. É bom compreender que os graus existem, mas para efeitos práticos você pode ignorá-los. Basta saber que, para Jacqueline, a Lua está em Áries, na casa 6, em quadratura com o Sol e trígono com Saturno entre outros aspectos.

Faça várias cópias do Quadro 4 em branco. Geralmente o número de aspectos ultrapassa o tamanho de uma página.

IX - ETAPAS DA ANÁLISE ASTROLÓGICA

Completamos a nossa análise astrológica básica. O mapa de Jacqueline Kennedy foi estudado pelo exame detalhado de quatro quadros:

Quadro 1 - Planetas e Signos de Jacqueline Kennedy

Quadro 2 - Planetas e Casas de Jacqueline Kennedy

Quadro 3 - Cúspides das casas de Jacqueline Kennedy

Quadro 4 - Aspectos de Jacqueline Kennedy

É bem verdade que, sendo a Astrologia muito rica em alternativas, poderíamos mergulhar no estudo de outros ângulos da vida dessa mulher fascinante, mas isto fugiria ao objetivo deste livro. Os conceitos aqui expostos já são suficientes para você entender como a interpretação funciona de modo a usá-la no seu próprio mapa natal, participar de um debate sobre a matéria, ou partir para livros mais complexos.

O mapa natal, entretanto, não contém apenas o desenho da personalidade, mas também prognósticos sobre toda a vida de uma pessoa. Pode indicar se ela vai casar, ter filhos, problemas de saúde, tipo de trabalho, etc. O próximo capítulo trata desses assuntos.

X - AS PREVISÕES ASTROLÓGICAS

Há vários métodos de prever o futuro. O mais tradicional chama-se *trânsitos* e é muito simples. Mas lembre-se de que a astrologia indica apenas o futuro mais provável, aquele que está fadado a acontecer se nenhum esforço de mudança for feito.

Quando Jacqueline Kennedy nasceu, os planetas formavam entre si uma certa configuração que ficou para sempre registrada no seu mapa natal. Marte, por exemplo, encontrava-se a 15 graus do signo de Virgem em sextilha com Plutão a 18 graus de Câncer. Para você, quando do seu nascimento, provavelmente Marte e Plutão estavam em outro lugar qualquer do Zodíaco.

Mas os planetas não ficaram congelados no espaço; muito ao contrário, seguiram imperturbáveis o seu trajeto em torno do Sol. E onde estarão eles nesse exato momento em que você lê esse parágrafo?

Se Saturno, por exemplo, estiver passando exatamente sobre o seu Marte-natal (isto é, se Saturno está hoje justamente no lugar em que Marte estava quando você nasceu), dizemos que Saturno-trânsito está em conjunção com o seu Marte-natal.

O que acontece quando Saturno (contenção, frustração) em trânsito faz conjunção com o seu Marte-natal (trabalho, agressividade)? Isso mesmo, frustração no trabalho, muita raiva contida. Se Saturno estiver transitando em trígono com o seu Marte natal, então a carga de trabalho vai ser dura mas com resultados ótimos.

Veja bem como a conjunção de um planeta que passa hoje sobre um planeta natal soma as energias, enquanto que o trígono traz uma recompensa.

Se quisermos, portanto, saber como estava Jacqueline Kennedy no dia 22 de novembro de 1963 em torno das 12 horas e 30 minutos, quando assassinaram o seu marido e presidente dos Estados Unidos, John F. Kennedy, temos de calcular um mapa para esse momento e sobrepor as informações com as do seu mapa natal.

Fizemos isso no Desenho 4.

Dentro do círculo, estão os planetas natais de Jacqueline, nas mesmas posições em que estavam nos Desenhos 1, 2 e 3. Do lado de fora estão os planetas em trânsito no momento do assassinato, no Texas. As linhas ligando os planetas de fora com os de dentro, que ficam no centro do desenho, representam os aspectos entre os dois conjuntos de planetas. (Para os trânsitos usamos uma *orb* de no máximo dois graus; assim, uma quadratura varia de 88 a 92 graus.)

DESENHO 4 – MAPA DE JACQUELINE KENNEDY

TRÂNSITOS

DALLAS, TEXAS EM 22 DE NOVEMBRO DE 1963 - 12H30MIN

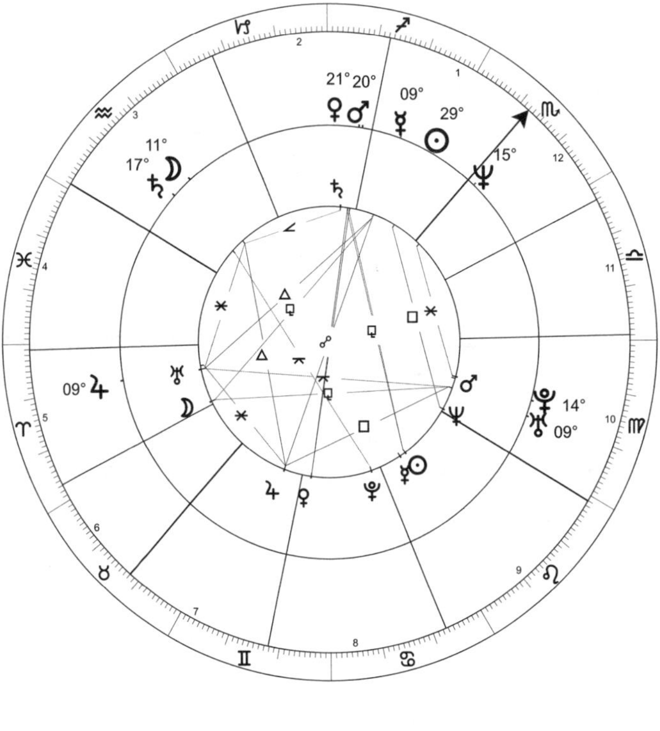

Antes de passarmos à análise, é importante mencionar que os planetas também indicam as pessoas e objetos com que lidamos ao longo da vida.

Mercúrio, o significador da _comunicação e trocas_, obviamente representará os mensageiros, papéis, negócios e viagens.

Já que o Sol significa _poder_, todas as pessoas poderosas estarão sempre aglutinadas no Sol do seu mapa; portanto, o Sol representará o patrão, um mestre importante, o pai e, obviamente no mapa de Jacqueline, o marido e líder do país.

Transferimos para o _Quadro 5_ os trânsitos do Desenho 4. Usamos as palavras-chave dos planetas e aspectos envolvidos. Mais uma vez, você encontrará um Quadro 5 em branco para usar no seu caso específico.

O mapa natal é fixo, jamais muda depois do nascimento. Já o mapa de trânsitos, representado no Quadro 5, depende do dia que você escolher. Pode ser para hoje, para daqui a um mês, para o próximo ano, e assim por diante.

Portanto, faça muitas cópias do Quadro 5 em branco, para que você possa, daqui por diante, em qualquer momento, fazer os trânsitos e entender as experiências e emoções pelas quais você está ou estará passando.

QUADRO 5 – TRÂNSITOS DE JACQUELINE KENNEDY EM DALLAS, 22 DE NOVEMBRO DE 1963

PLANETA 1	ASPECTO	PLANETA 2	PALAVRAS-CHAVE		
			DO PLANETA 1	DO ASPECTO	DO PLANETA 2
PLUTÃO	Conjunção	MARTE	Regeneração, partida, separação	***SOMA***	Ação, conflito
URANO	Sesquiquadrado	LUA	Mudança, inesperado	***OBSTÁCULO***	Emoção, readaptação
URANO	Quincunx	URANO	Mudança, inesperado	***MUDANÇA***	Mudança, inesperado
URANO	Quadratura	JÚPITER	Mudança, inesperado	***CONFLITO***	Expansão, exagero
SATURNO	Quadratura	ASC	Inibição, preservação	***CONFLITO***	Postura, disposição
SATURNO	Quincunx	PLUTÃO	Inibição, preservação	***MUDANÇA***	Regeneração, partida
JÚPITER	Sextilha	JÚPITER	Expansão, sorte	***OPORTUNIDADE***	Expansão, sorte
JÚPITER	Conjunção	URANO	Expansão, sorte	***SOMA***	Mudança, inesperado
MARTE/VÊNUS	Sesquiquadrado	SOL	Ação, sensorial	***OBSTÁCULO***	Autoridade, vitalidade
MARTE/VÊNUS	Oposição	VÊNUS	Ação, sensorial	***VERSUS***	Bens, relacionamento
MERCÚRIO	Oposição	JÚPITER	Comunicação, saber, aprendizado	***VERSUS***	Expansão, sorte
MERCÚRIO	Trígono	URANO	Comunicação, saber, aprendizado	***AJUDA***	Mudança, inesperado
MERCÚRIO	Sesquiquadrado	LUA	Comunicação, saber	***OBSTÁCULO***	Emoção, readaptação
NETUNO	Sextilha	MARTE	Obrigação, ilusão	***OPORTUNIDADE***	Ação, conflito

QUADRO 5 – TRÂNSITOS DE

____

EM ______________________________

PLANETA 1	ASPECTO	PLANETA 2	PALAVRAS-CHAVE		
			DO PLANETA 1	DO ASPECTO	DO PLANETA 2

Plutão passava sobre o Marte-natal de Jacqueline naquela data, trazendo extremo perigo. Esse aspecto não apenas impulsionou a tragédia de novembro de 1963, como continuou presente até o final do ano seguinte, indicando que houve outras ameaças à sua integridade física que não se consumaram.

Urano em quincunx com Urano natal determinou profundas e inesperadas mudanças no rumo da vida de Jacqueline. Na verdade, em torno dos 35 anos de idade, Urano faz sempre esse aspecto para todos nós. Se você é mais velho, sabe bem do que eu estou falando; poucos conseguem passar por essa fase em brancas nuvens. Se você é mais jovem, prepare-se, mas não tenha medo; afinal, o quincunx gera um desafio que é geralmente seguido por uma oportunidade de melhorar.

Só que, no caso de Jacqueline, com Urano também em quadratura com Júpiter e sesquiquadrado com a Lua, este aspecto traduziu-se por um enorme impacto emocional e um dramático afastamento do seu ambiente normal. Os trânsitos de Plutão e Urano foram terríveis e demorados para Jacqueline. Mas houve muito mais.

Saturno, outro planeta de grande impacto, chamado pelos antigos de "o grande professor" pela dureza com que nos impõe as lições da vida, passou em quadratura com o Ascendente (e, portanto, com a cúspide da sétima casa também) e em quincunx com Plutão.

Indicava que o desafio seria gigantesco, que a mudança envolveria o casamento e a visibilidade pública, e que resignação se fazia necessária. Felizmente, nos meses de novembro a janeiro, no pique da crise, Júpiter, "o grande protetor", passava sobre Urano e em sextilha com Júpiter-natal; a virada seria uma louca descida de montanha-russa, mas com oportunidades de sobreviver.

Devido ao movimento da Terra, os planetas parecem às vezes estacionar no espaço, retroagir e, finalmente, retomar o curso normal. Nenhum astro se move para trás no espaço, logo nenhum movimento astronômico é na verdade <u>retrógrado</u>. Esse é o modo como os vemos aqui da Terra. Mas o movimento aparente retrógrado faz com que <u>*um aspecto por trânsito demore muito mais do que seria esperado*</u>. Saturno pode estar em quadratura com o seu Sol, diminuindo a sua vitalidade, mas, ao invés de simplesmente partir, ele estaciona, e afinal retroage muitos graus a ponto de sair da orb de dois graus. De repente, lá vem ele de novo, e agora sim passa pelo aspecto exato e se vai. O maior impacto vem quando da última passagem. Na primeira vez você tem um sinal do que vai acontecer. Dependendo dos planetas envolvidos, talvez seja apresentado a alguém, escolha um novo apartamento, ou seja tentado a mudar de emprego. Quando o planeta em trânsito retroage, tudo aquilo vira um sonho que se esvaiu, como se tivesse ficado na ameaça, sem se concretizar. Mas lá vem ele de novo. Agora é para valer, prepare-se. Dependendo do aspecto, lá vem tensão ou alegria.

Dessa forma, a lentidão e o movimento retrógrado fizeram com que os planetas Júpiter, Saturno, Urano, Netuno, e Plutão impactassem Jacqueline por extenso período, antes e depois da tragédia em Dallas.

Já a Lua e os demais planetas mais próximos do Sol são bem mais velozes. O Sol, como se sabe, anda mais ou menos um grau por dia, isto é, dá a volta ao Zodíaco em exatamente um ano. A Lua, essa então é rapidíssima e cruza todo o Zodíaco em apenas 28 dias, ou seja, avança cerca de 13 graus a cada dia; seu efeito é uma granada — hoje produz uma explosão emocional, amanhã já passou. O desenho mostra que o Sol passava em quadratura com Netuno, e que a Lua passava naquela hora em sextilha com Urano, trígono com Júpiter e semiquadrado com Saturno. Podemos, portanto, omitir esses aspectos tão rápidos para a análise dessa fase na vida de Jacqueline Kennedy.

Já Mercúrio, Vênus e Marte possuem velocidade intermediária e, embora se afastem rapidamente após os seus disparos de alegrias e tristezas, os seus efeitos devem sempre ser considerados pelo astrólogo.

Marte e Vênus estavam por coincidência juntos no céu. Se eles fizessem aspectos de trígono e sextilha com o mapa natal de Jacqueline, teria sido um período de amor intenso para ela.

Mas, lamentavelmente, os sesquiquadrados com o Sol (o marido) e oposição a Vênus denunciaram o desencontro dessa paixão sob o peso de eventos intransponíveis envolvendo injúria física do casal.

A oposição com a Vênus natal de Jacqueline representava também dor, raiva e diferenças de valores com outras pessoas. Finalmente, a passagem de Marte-Vênus sobre Saturno, que se processaria nas semanas seguintes, pedia paciência com o amor ferido.

Mercúrio em oposição a Júpiter e sesquiquadrado à Lua dizia-lhe que a viagem a Dallas agiria contra a sua sorte e demandaria readaptação, mas o mesmo Mercúrio, em trígono com Urano, deu-lhe a energia criativa e inovadora para enfrentar a adversidade. Não dava para evitar o desmantelamento da estrutura existente, mas Mercúrio deu-lhe a inteligência para sobreviver ao impacto e abraçar um novo caminho.

Se nós tivéssemos feito o estudo para alguns meses mais tarde, veríamos que o planeta Netuno entrou em conjunção com o Ascendente e trígono com Plutão a partir de março de 1964 e até o final de 1965; as forças espirituais de Jacqueline floriram então, dando-lhe uma extraordinária energia para suportar a dramática transformação da vida.

Chegamos ao fim do nosso livro de introdução à astrologia. Esperamos que você tenha aproveitado bastante, se possível analisando o seu próprio mapa.

Mas, cuidado! Sempre compare todos os trânsitos antes de concluir que um drama se avizinha por causa de um aspecto singular. Geralmente, uma previsão sensível aparece em mais de um aspecto, como vimos no mapa de Jacqueline Kennedy. O importante é não se impressionar e, principalmente, procurar ajuda profissional se a sua previsão for preocupante. Nada substitui a orientação daqueles que conhecem o tema a fundo.

E, mais importante ainda, lembre-se de que em quase todos os casos o livre-arbítrio é que vai terminar direcionando o seu destino. Grandes realizadores no mundo tiveram muitas quadraturas e oposições em seu mapa natal e trânsitos. Isso não impediu que eles realizassem os seus sonhos.

XI - O USO DO PROGRAMA PARA COMPUTADOR

O CD anexo contém um programa de computador chamado AST.EXE para fazer cálculos astrológicos, criado por Jacobb Gonik. Fácil de operar, dar-lhe-á dados importantes para compreender a sua personalidade e comandar o seu destino dentro dos limites da astrologia!

O programa foi testado e deve operar corretamente sob DOS e Windows, mas, como todo *software*, pode apresentar erros e incompatibilidade com alguns computadores e com outros programas a ponto de inviabilizar o seu uso. Se bem que desenvolvido especialmente para este livro, o programa é dispensável para o perfeito entendimento do texto. Por isso, ele é fornecido gratuitamente - não está incluído no preço do livro. Ao romper o lacre, você aceitou de antemão a possibilidade de não dispor do programa devido a problemas de incompatibilidade no seu computador. É verdade que essa incompatibilidade é rara e muito pouco provável. Mas se acontecer, você sempre poderá obter o seu mapa astrológico na Internet, com astrólogos, ou então usar este mesmo programa no computador de amigos.

Recomendamos que você proteja o CD contra danos e faça cópia do programa diretamente para o disco rígido do seu computador. Copie todo o conteúdo do CD para ele.

Se o programa estiver no CD, ele deve entrar automaticamente. Se estiver no disco c: use, em Windows, a seqüência de comandos Iniciar – Executar, e digite c:\ast. Se houver problema, digite c:\ast.exe. Daí por diante, acompanhe as instruções na tela.

O programa não permite o uso do *mouse*, todos os comandos estão no teclado, mas é muito simples. Se a janela ficar pequena ou grande demais, ajuste (ou peça para alguém ajustar) a configuração do monitor.

Depois de algumas informações básicas, o programa pedirá que você entre com a data (dia, mês, ano) do seu nascimento. Observe a tela que se segue (reproduzida do computador):

```
           Página 1-Dados para Calcular o seu Mapa Natal Astrológico

DIA, MES, ANO
Um programa de astrologia requer dados precisos ou o cálculo sairá errado.
Coloque o dia, as três primeiras letras do mês, e o ano do seu nascimento.

               DATA  :  [ 8]  [JUN]  [2004]

               HORA  :  [14.02]

                          CIDADE:  Rio de Janeiro -RJ

               LATI  :  [22.54]                N/S  :  [S]

               LONG  :  [ 43.15]               L/O  :  [O]

               FUSO  :  [ 3.00]

Use Setas, Enter ou Tab para mover. PgDn para calcular. End para desistir.
```

Na parte superior, você sempre encontra o texto de ajuda: - "Coloque o dia, as três primeiras letras do mês, e o ano do seu nascimento". Na parte inferior da tela, informa que você deve usar as setas (cursores), ou as teclas Enter ou Tab para mover de um campo para outro a fim de introduzir esses dados.

Se você apertar a tecla End, o programa terminará (trata-se da tecla End, e não das letras E, N e D). Se você apertar a tecla PgDn (Page Down) o programa calculará o seu mapa. Mas calma, não se apresse! Não aperte PgDn ainda!

Após introduzir a data de nascimento, você precisa continuar a mover o cursor até o campo de HORA. Nesse momento, o texto de ajuda na parte superior da tela se modifica para auxiliá-lo a colocar a hora do seu nascimento de forma correta. Se você nasceu em horário de verão, coloque uma hora a menos, isto é, coloque a hora verdadeira! Repare que as horas e minutos são separados por um ponto, tal como em 14.02 para representar quatorze horas e dois minutos!

Finalmente, você precisa introduzir a cidade em que nasceu. A Astrologia requer que a cidade seja colocada por suas coordenadas astronômicas. Quando o programa começa, aparecem as coordenadas do Rio de Janeiro. A latitude dessa cidade é 22.54 S (que significa 22 graus e 54 minutos ao Sul da linha do equador); a longitude é 43.15 O (que significa a Oeste de Greenwich), e o fuso horário é 3 horas, conforme estabelecido pelo governo brasileiro para a hora oficial do Rio.

Você pode ir para qualquer um desses campos e mudar a informação à vontade, a fim de colocar os dados da cidade em que nasceu. Para ajudá-lo, porém, o programa já contêm as coordenadas de cerca de 1.200 cidades brasileiras. Aperte a tecla F1 para ver a lista completa. Procure a sua cidade ou outra bem próxima. Aperte F1 de novo e o programa introduzirá automaticamente a latitude, longitude e fuso horário.

No fim da lista há também algumas cidades não brasileiras, tais como Southampton e Dallas, nos Estados Unidos, para o caso de você estudar o mapa de Jacqueline Kennedy. Não esqueça de colocar dias e horas corretas. Por fim, se você não encontrar a cidade desejada, procure num Atlas ou na Internet.

Quando os dados natais (data, hora e coordenadas astronômicas da cidade) estiverem reproduzidos corretamente na tela, você deve apertar a tecla PgDn.

O computador, então, exibirá outra tela (parecida com a anterior) com o título **"Dados para calcular trânsitos (veja capítulo 10)"**. Enquanto o mapa natal mostra a sua personalidade, os trânsitos ajudam a entender os acontecimentos passados, atuais e futuros da sua vida. Portanto, você precisa digitar data, hora e cidade a analisar. Para os trânsitos, o programa não aceitará data anterior ao nascimento.

Para facilitar, se o relógio do seu computador estiver bem regulado, o programa exibirá a data do dia em que você estiver executando o programa, sempre às 15.00 horas (geralmente a hora não é muito importante e você pode deixá-la como tal). O programa repete a cidade em que você nasceu. Se está em outra cidade, precisa colocar as coordenadas corretas, usando de novo a tecla F1 para ajudar na pesquisa.

Portanto, se você nasceu em Curitiba mas vive agora em S. Paulo, a primeira tela deve conter sua data e hora de nascimento, e também as coordenadas de Curitiba. A segunda tela contém o dia de hoje, às 15 horas, e as coordenadas de S. Paulo.

Aperte PgDn e pronto! O programa exibirá os dados natais, isto é, a posição dos planetas nos signos e casas. A seguir exibirá os regentes. A terceira tela conterá os aspectos natais, e finalmente a quarta, os trânsitos. Leia o livro para entender os mapas.

Resumindo a terminologia astrológica:

Planetas - Sol, Lua e os oito planetas (Mercúrio, Marte, Vênus, Júpiter, Saturno, Urano, Netuno e Plutão). Representam as dez energias que você possui dentro de si e que caracterizam a sua personalidade.

Signos - São doze: Áries, Touro, Gêmeos, Câncer, Leão, Virgem, Libra, Escorpião, Sagitário, Capricórnio, Aquário e Peixes. Representam doze modos distintos de cada uma de suas energias se manifestar. Quando você nasce, cada planeta está em um signo, isto é, com um modo personalizado de agir.

Casas - São doze, representam áreas da vida como o meio social e o trabalho. Quando você nasce, cada planeta está em uma certa casa e, portanto, vai influenciar o modo como você age naquela área. A primeira casa chama-se Ascendente (ASC) e representa sua postura em geral. O ponto inicial de cada casa chama-se cúspide. O signo onde a cúspide está é considerado o signo da casa.

Regentes - Cada signo tem um planeta regente, isto é, aquele que comanda o signo. Por exemplo, o signo de Gêmeos é regido por Mercúrio. Se você tem muitos planetas em Gêmeos, isso quer dizer que Mercúrio é muito importante na sua vida.

Aspectos - São as relações angulares que os planetas fazem entre si. Por exemplo, no seu mapa natal o Sol e a Lua podem estar em quadratura, isto é, numa relação angular de noventa graus. Isso tem um significado muito importante na astrologia.

Trânsitos - Quando você nasceu, o mapa dos planetas no céu naquele momento ficou gravado para sempre na sua vida. Mas os planetas continuam a movimentar-se no zodíaco. Em qualquer dia escolhido, hoje, por exemplo, os dez planetas no zodíaco estão fazendo uma relação angular com os seus dez planetas natais. Esses aspectos são críticos e afetam os acontecimentos na sua vida.

XII - TABELAS PARA DESTACAR

TABELA 1 – PLANETAS ASTROLÓGICOS

SÍMBOLO	NOME	USO ELEVADO DA ENERGIA	USO NORMAL DA ENERGIA	USO NEGATIVO DA ENERGIA
☉	Sol	Luz – poder benevolente – lealdade- expressão	Vitalidade - ambição – autoridade	Egotismo – arrogância – crueldade
☽	Lua	Imaginação – readaptação – sentimental	Instintos – emotividade – sonhos	Preguiça - explosão emotiva - depressão
☿	Mercúrio	Raciocínio – análise – aprendizado	Troca – comunicação – nervos	Inveja – boato – crítica - superficialidade
♀	Vênus	Harmonia – arte – relacionamento – afetividade	Amor – sensorial – prazer – bens	Luxúria – vaidade – avareza - frivolidade
♂	Marte	Iniciativa – entusiasmo – coragem	Sexo – ação – competitividade	Vingança – impulso – ira – agressão
♃	Júpiter	Otimismo – Idealismo – sabedoria – abertura	Expansão – sorte – confiança	Gula – desperdício – exagero
♄	Saturno	Perseverança - disciplina – responsabilidade	Preservação – cautela – respeito	Avareza – inibição – dogmatismo – azar
♅	Urano	Criatividade – independência – humanidade	Engenhosidade- mudar- inesperado	Acidente – desordem – extravagância
♆	Netuno	Inspiração - compaixão – bondade – empatia	Religiosidade – obrigação - ilusão	Dependência – desvario – desilusão
♇	Plutão	Regeneração – separação – profundidade	Reciclagem– êxtase – carisma- perda	Fanatismo – clandestino - destruição

TABELA 2 – SIGNOS ASTROLÓGICOS

SÍMBOLO	NOME	REGENTE	USO POSITIVO	USO NEGATIVO
♈	Áries	Marte	Arrojado – assertivo – pioneiro	Impulsivo – agressivo – imprudente
♉	Touro	Vênus	Sensorial – estável – insistente	Luxurioso – Inflexível – teimoso
♊	Gêmeos	Mercúrio	Exploratório – rápido – comunicativo	Dispersivo – nervoso – superficial
♋	Câncer	Lua	Protetor – tenaz – sensível	Possessivo – implacável – emocional
♌	Leão	Sol	Brilhante – líder – entusiasmado	Exibicionista – autoritário – ambicioso
♍	Virgem	Mercúrio	Analítico – diligente – prestativo	Detalhista – obcecado – servil
♎	Libra	Vênus	Harmonizador – cooperativo – refinado	Complacente – influenciável – frívolo
♏	Escorpião	Plutão	Intenso – hábil – perceptivo	Exigente – manipulador – insistente
♐	Sagitário	Júpiter	Altruísta – filosófico – expansivo	Esbanjador – pretensioso – insatisfeito
♑	Capricórnio	Saturno	Organizado – obstinado – prudente	Calculista – ambicioso – inibido
♒	Aquário	Urano	Independente – inovador – grupal	Rebelde – extremista – impessoal
♓	Peixes	Netuno	Intuitivo – tolerante – devotado	Impressionável – leniente – dependente

TABELA 3 – CASAS ASTROLÓGICAS

CASA	PALAVRAS-CHAVE			
1 ou ASC	Auto-interesse	Postura	Aparência	Disposição
2	Auto-estima	Sentimentos	Posses, valores	Talentos
3	Aprendizado básico	Assuntos rotineiros	Mensagens, viagens curtas	Irmãos, vizinhança
4	Raízes, casa	Senso de segurança	Progenitor que acalentou	Privacidade
5	Potencial criativo	Especular, divertir-se	Filhos, amores ilegais	Tônus muscular
6	Saúde	Trabalho regular	Animais de estimação	Modo de se organizar
7	Unir, relacionar	Ações legais	Casamentos, sócios	Inimigos declarados
8	Situações extremas	Perda, Regeneração	Sexo, morte, intenso	Crises, grandes ganhos
9	Educação elevada	Exploração	Lei, política, crenças	Viagens, lugares distantes
10 ou MC	Status, reputação	Carreira, presença pública	Progenitor mais afastado	Aspiração social
11	Resultados da carreira	Obrigações em grupo	Eventos inesperados	Amigos, filhos adotivos
12	Desejos íntimos	Segredos, sacrifício	Prisão, hospitalização	inimigos ocultos

TABELA 4 – ASPECTOS ASTROLÓGICOS

ÂNGULO	NOME	SÍMBOLO	EFEITO	COMO AGIR
0 graus	Conjunção	☌	Energias somadas. Choque ou colaboração dependendo dos planetas envolvidos	Estimule as casas onde os planetas estão, usando as energias de modo positivo.
45 graus	Semiquadrado	∠	Áreas de inflexibilidade. Mudança no ciclo da vida	Os obstáculos (tendem a irritar) requerem persistência para derrubá-los ou seguir caminhos alternativos
60 graus	Sextilha	⚹	Oportunidade de melhorar. uma porta que se abre	Aproveite. Ative as energias envolvidas, tire proveito da oportunidade.
90 graus	Quadratura	□	Estresse por conflito criado por problemas íntimos frente à vida.	Descarregue usando o modo positivo das energias. Após superado, abre porta para o entendimento.
120 graus	Trígono	△	Facilidade, sorte, ajuda por outrem, empurrão para ajudar nos aspectos estressantes	Procure agir em vez de só ficar saboreando, Se afrouxar nada acontecerá.
135 graus	Sesquiquadrado	⚼	Áreas de frustração que explodem fora de proporção. Mudança no ciclo da vida	Tendem a criar impaciência e ressentimento. Tem que enfrentar com paciência e persistência.
150 graus	Quincunx	⚻	Duas energias de difícil integração, dificuldade seguida por oportunidade	O aspecto pede mudança ou ajustamento. Atenção às portas de saída que sempre aparecem.
180 graus	Oposição	☍	Estresse devido a uma dúvida atroz entre duas opções envolvendo forças íntimas e externas	Aceite ambas as energias, mesclando-as. Ao fazê-lo, esse aspecto vira uma força no mapa.

Leia também da Mauad Editora:

A verdade sobre Cabala – David Godwin

A verdade sobre Chakras – Anodea Judith

A verdade sobre Regressão a Vidas Passadas – Florence Wagner McClain

A verdade sobre Os Druidas – Tadhg MacCrossan

I Ching - A alquimia dos números – Wu Jyh Cherng

Tai Chi Chuan - A alquimia do movimento – Wu Jyh Cherng

Tarot - Uma linguagem feiticeira – Priscila S. Kuperman

Tao Te Ching - O Livro do Caminho e da Virtude – Lao Tse (tradução de Wu Jyh Cherng)

Guia de Shiatsu para principiantes – Patrick McCarty

Inteligência Espiritual - Enxergando além do vento – Maria Nunes

Não Reme Contra a Maré – Gelder Manhães

Para saber mais sobre nossos títulos e autores, visite nosso site:
www.mauad.com.br

Este livro, da MAUAD Editora,
foi impresso em papel ofsete 75g,
na gráfica Sermograf